꽃잎이 번지거든

꽃잎이 번지거든

초판 1쇄 발행 2023년 1월 20일

지은이 연서율
펴낸이 장길수
펴낸곳 지식과감성#
출판등록 제2012-000081호

교정 김지원
디자인 김찬휘
편집 김찬휘
검수 이주연, 정윤솔
마케팅 정연우

주소 서울시 금천구 벚꽃로298 대륭포스트타워6차 1212호
전화 070-4651-3730~4
팩스 070-4325-7006
이메일 ksbookup@naver.com
홈페이지 www.knsbookup.com

ISBN 979-11-392-0895-5(03810)
값 12,000원

지식과감성#
홈페이지 바로가기

꽃잎이 번지거든

연서율 지음

지식과감성#

목차

프롤로그

다가오는 서른 살의 봄을 맞이하여 번지는 꽃잎을 글로 녹여 냈다. 전작 '꽃을 보는 너', '너를 보는 나'에 이은 세 번째 시집 '꽃잎이 번지거든'은 '너를 보는 나' 발간 이후부터 준비해 온 시집이다.

원래부터 꽃을 좋아했지만 플로리스트를 준비하는 어머니를 보며 꽃에 대한 관심이 커졌고 이것을 주제로 삼아 시를 쓰게 되었다. '꽃잎이 번지거든'에는 스물여덟부터 스물아홉, 서른에 이르기까지 작가가 일상에서 느끼는 감정들과 자연에서 느끼는 감정, 사랑, 이별에 관한 것들을 담았다. 또한 다양한 연령대로부터 공감을 이끌어 내고자 시를 썼다.

이 시집을 통해 단 한 편의 시라도 위로를 받아 가는 분들이 있었으면 좋겠다는 마음으로 책을 발간한다.

흰 꽃

흰 꽃잎의 색은
내 마음에 물들었다지
빨갛게
노랗게
내 마음에 다 주고
하얗게
남아 버린 흰 꽃은
사랑으로 물들었다지

내가 원하는 꽃말

장미의 꽃말은 열렬한 사랑
튤립의 꽃말은 사랑의 고백
수국의 꽃말은 진심

나의 꽃말은 따뜻한 위로

꽃잎이 번지거든

꽃잎이 나의 눈가에 번지거든
나와 눈 맞춰 주세요
그대를 바라보는 눈빛이
저 꽃처럼 다채로울 테니

꽃잎이 나의 마음에 번지거든
나의 마음을 바라봐 주세요
그대를 향한 마음이
저 꽃처럼 향기로울 테니

서른 살의 봄

꽁꽁 언 만물이 녹아내리듯
꽁꽁 얼어붙어 있던 이십 대
온몸에 꽃잎이 번지었다
힘들게 피워 낸 꽃잎인 만큼
힘내서 가꿔 가야 하지 않겠나

흙에서 화분으로
화분에서 더 큰 화분으로
더 큰 화분에서 정원으로

그렇게
그렇게
성장해 나아가는 거다
꽃잎이 번지거든

옷핀

약속이라도 한 듯
만나야 할 자리에서 어김없이 만난다
끝은 날카롭지만
만나기만 하면 언제 그랬냐는 듯
속내를 감춘다

마음

마음먹은 대로 안된다고
마음을 탓하지 않기

손잡이

무수히 많은 사람들의 손길이 닿은 손잡이
이번엔 나의 손길이 닿을 차례다

다른 사람들의 삶이 느껴진다
나의 삶을 묻히고 간다

그렇게 손잡이는 삶을 담고
오늘도 여정을 떠난다

소리

봄이 오는 소리를
꽃잎이 활짝 피는 소리로 듣고

네가 오는 소리를
심장이 두근거리는 소리로 듣는다

용기

설레임은 두려움을 안고 오고
두려움은 용기를 안고 온다

눈동자

별빛을 한 줌 뿌린
그대의 갈색 눈동자
말을 하지 않아도
서로 바라보고 있으면
우리는 알 수 있어요
서로 사랑하고 있다는 걸

꽃으로 부르지 않기로 했다

나는 오늘부터
너를 꽃으로 부르지 않기로 했다
너는 꽃보다 아름다운 존재이기 때문이다

너는 오늘부터
나를 꽃으로 부르지 않기로 했다
나는 꽃보다 아름다운 존재이기 때문이라 했다

꽃말

나의 마음엔 물을 주지 않아도
너라는 꽃이 피어난다

나의 마음엔 햇살을 보지 않아도
너라는 꽃이 피어난다

나의 마음엔 돌봐 주지 않아도
너라는 꽃이 피어났다

꽃말은 끝없는 사랑
또는 영원한 행복으로 해 두겠다

꽃이 흔들리면

나는 그대를 불렀고
그대는 뒤돌아보았습니다

언제나 마음이 흔들렸고
나는 그대를 향해 미소 지었습니다

그대는 나의 바람꽃
언제든 나의 마음을 흔들어 주세요

밤을 거닐며

밤을 거닐며
네 생각을 해 보았다
별이 반짝였다

밤을 거닐며
네 이름을 불러 보았다
별이 또 반짝였다

밤을 거닐며
사랑을 노래해 보았다
긴 별이 하늘에 선을 그었다

별똥별

별똥별은 떨어질 때
긴 꼬리 같은 빛의 여운을 남기고
그것을 바라보는 내 눈은
아름다움이라는 여운을 남긴다
마치 너처럼 말이다

별을 따다 줄게

내가 별을 따러 가면
우리는 영영 보지 못할 텐데
이별을 돌려 말하는
너의 문장이
참으로 감성적이어서
더 슬프다

꽃사진

찰칵

꽃사진이 예쁘게 나오는 건

꽃이 예뻐서가 아니라

꽃을 담는 당신의 마음이 예뻐서 그래요

여인초

높게도 넓게도 자라는구나
햇빛도 받지 않은 채
높은 키와 넓은 잎을 뽐내며
너의 아름다움을 집 안에 퍼트리는구나
계속 그렇게 잘 자라다오
어떻게 그렇게 잘 자라는지 모르겠다만
영원히 신비로움을 머금은 채
그렇게 잘 자라다오

소리 없는 빗방울

잘 자
네가 잠든 밤엔
빗방울도
소리 없이 떨어지길

괜찮아

괜찮아
많이 아파도 괜찮아
펑펑 울어도 괜찮아
무너져 내려도 괜찮아

다 괜찮아
다시 일어서면 되니깐
다 괜찮아

그랬구나

너무 힘들어서 그랬구나
너무 아파서 그랬구나
너무 슬퍼서 그랬구나

다 이해해

언제든 기대도 돼

오늘

오늘은 추억이 되고
추억은 회상하게 되고
회상은 기쁨을 가져오기도
슬픔을 가져오기도 한다
오늘을 어떻게 보내느냐가
내일 나의 감정까지 만든다

오늘, 이 순간에 집중하자

머무른 꽃잎

발 끝에 머무른 꽃잎
이 주변엔 꽃나무도 꽃밭도 없는데
어디서 날아왔을까
높은 건물을 넘어
도로 위 차들을 넘어
바람을 타고
내 발 끝에 머무른 꽃잎
바쁜 일상 속에
내 발길을 멈추게 하네

꽃잎이 피어날 때가 되었다는 걸

너는 알았나 보다
꽃잎이 피어날 때가 되었다는 걸
그래서 그렇게 정성스레
냄새를 맡고 다녔나 보다

네가 향기를 맡고 지나간 자리
놀랍게도 꽃잎이 하나둘 피어나니
그 모습이 그리 아름다울 수 없다
나는 또 너의 신비로움에
봄의 따스함에 놀라곤 한다

꽃잎이 피어날 때가 되었다는 걸
알기 위해서는 봄에 버금가는
따뜻함이 필요한가 보다

꽃봉오리

나의 발걸음을 멈추게 하는
작디작은 꽃봉오리
어떤 꽃이 피어날까
어떤 향기를 담고 있을까
궁금증을 자아내는 꽃봉오리
그 끝에 맺힌 봄의 시작이
무수히 아름답다

시작

시작하라

시작은 행복을 가꾸는 것이다

별의 향

드높은 밤하늘을 수놓은 별
수없이 반짝이는 일렁임
그 사이 새어 나오는 향
너에게선 그런 향이 난다
값비싼 향수로도 표현해 낼 수 없는 향
네 곁에 계속 머무르고 싶어진다

구름

몽드레 몽드레
피어났다
후두둑 후두둑
비로 쏟아 내는 구름처럼
잡념 따위
이제는 날려 버리자
모두 안녕

봄꽃

활짝 핀 당신의 미소
활짝 핀 당신의 얼굴
활짝 핀 당신의 말투까지 꽃을 닮았습니다

그런 당신이 내게 꽃으로 온다면
나는 당신의 봄이 되겠습니다

나라는 봄 안에서 마음껏 꽃을 피웠으면 합니다
내 마음의 계절은 언제나 봄으로 둘 테니

꽃구경

봄이 왔다길래 뉴스에서 하도 떠들어 대서
어디 나도 꽃구경이나 한번 가 볼까 하고
나선 봄나들이
이 꽃, 저 꽃 향기를 맡으며
그 아름다운 색이 부러운 듯 툴툴거리니
활짝 핀 봄꽃이 내게 말하더라
너도 예쁘게 필 수 있다고

꽃밭

당신의 미소 한 송이
당신의 행동 한 송이
당신의 말 한 송이가 피어나
내 주변을 꽃밭으로 만들었으니
내 마음은 온통 봄으로 가득합니다

나비의 여행

저 나비는 어디까지 날아갈까
여린 저 날갯짓으론
멀리 가지 못할 거야
여린 그 날갯짓으로
한참 가다 이 꽃에 쉬고
또 한참 가다 저 꽃에 쉬고
나아가다 쉬어 가면
내가 가 보지 못한 곳까지 가게 될걸?

네버랜드

가고 싶어도 이제는 돌아갈 수 없는 곳
어쩌면 지금 나는 시들어 버린 한 송이의 꽃이고
해가 지고 나면
추억들을 깊게 들이 마시고
현실과 꿈 속에서
헤매고 있어
나 아직도

바다

너에겐 바다 향이 난다
깊은 눈동자 때문인지
드넓은 마음 때문인지
나는 바다에 가지 않고도
네 곁에 있음으로
바다를 느낄 수 있다

이별꽃

꽃은 지는 것까지 아름다워야 꽃이다
그래서 우리의 사랑이 꽃이었다
이별까지 아름다웠기에

붉은 꽃

사랑의 꽃 한송이
붉은 꽃 한송이
이 꽃을 물에 담그면
물이 빨갛게 변할 거예요
그래도 꽃의 색은
변하지 않을 테니 걱정 말아요
내 사랑이 변하지 않듯
꽃의 색도 변하지 않을 테니

꽃잎이 떨어졌다

꽃잎이 떨어졌다
너는 무슨 생각을 할까
나는 슬프다는 생각을 했다

꽃잎이 떨어졌다
너는 무슨 생각을 할까
네게서 대답을 들을 수 없어
나는 슬프다는 생각을 했다

종이비행기

안된다는 생각은
종이비행기로 접어
저 멀리

할 수 없다는 생각은
종이비행기로 접어
저 멀리

내 곁엔 언제나
좋은 생각만 두기

향수

처음 향은 당신과 손 잡고 여행하는 향이 나요
중간 향은 당신과 누워 별을 세는 향이 나요
마지막 향은 당신과 입 맞추는 향이 나요
향기에서 보이는 당신이 나른해 보여요
당신도 숨을 크게 쉬어 봐요
나에게선 무슨 향기가 나나요

우정꽃

우정꽃 옆엔
웃음꽃이 함께 피어난다지
때론 비를 맞고
때론 눈을 맞아도
변하지 않고 그 자리를 지킨다지
누구나 하나쯤 키우고 있는 이 꽃
변하지 않는다고 돌보지 말라는 건 아니니
가까이 두고 정성껏 살펴 주기

겨울꽃

그대는 어찌 이리 아름답게 피어납니까

나는 따뜻한 마음으로 피어납니다
그래서 한겨울에도 따뜻한 마음만 있다면
언제든 활짝 꽃피울 수 있습니다

그럼 그 따뜻한 마음 이제는 내가 되겠습니다

웃음꽃집

웃음꽃을 팝니다
가격은 당신의 슬픔꽃 하나입니다
웃음꽃집에서
당신의 슬픔과 웃음을 바꿔 가세요

꽃도 아프다

지나가는 행인들이 내뱉는 말에
꽃도 상처를 받는다

지나가는 행인들의 짓밟힘에
꽃도 아프다

누군가에게 무심하게 던졌던 말이
누군가에겐 무지막지하게 큰 상처가 된다

당신은 소중한 꽃
상처받지 말기를

낡은 의자

길가에 버려진 낡은 의자 하나
누구에게 버림받았나
오랜 시간 자리를 지켜 왔다
제 역할은 다하겠다고
지나다니는 사람들 힘들면 쉬라고
외롭게 외롭게 있지만
사람들은 눈길조차 주지 않는다
안쓰러워라
너의 자리는 이제 여기가 아니겠구나

액자

투박하지만 소중함을 담기 위해
없어서는 안될 액자
세상에서 가장 멋진 조연이 아닐까

하늘을 보며

하늘을 보며
오늘도 수고한 나에게

노을을 보며
오늘도 힘내 준 나에게

머리엔 얼음 같은 휴식을
두 눈과 입가엔 꽃잎 같은 미소를

하늘을 보며
잘했다고 칭찬 한 마디를

한숨

후우
누구의 깊은 한숨인가
그의 고뇌가 보인다
그의 걱정이 보인다
그의 먹먹함이 보인다

한 번
두 번
쓸어내려 준다
이름 모를 누군가의
한숨을 나누어 쉰다

꽃잎사랑

사랑은 꽃잎에 바람이 부는 것 같아요
향기가 나고
꽃잎이 떨리고
다음 바람이 기다려지잖아요

사랑은 꼭 꽃잎에 바람이 부는 것 같아요

꽃이 피면

꽃이 피면 마음이 활짝 핀다
네가 있어서 그렇다

꽃이 피면 말투가 예뻐진다
네가 있어서 그렇다

난 항상 꽃이 피기를 기다린다
네가 내 옆에 있기를 기다린다

눈꽃

하나하나 모양이 다른 눈꽃
한 명 한 명 개성 넘치는 우리를 닮았죠
서로 이해하고
서로 배려하고

그렇게 살아간다면
저 눈꽃처럼
다른 사람의 마음도 녹아내리겠죠

그렇게 살아간다면
저 눈꽃처럼
세상살이 무엇이 어렵겠습니까

눈

자신감이 없는 나는
자존감이 낮은 나는
그대의 눈을 바라보면
하나의 별이 돼요
이런 나를
별로 만드는 그대는
나의 태양
나의 달

미소

고개를 살짝 돌려 주세요
나를 향한 당신의 미소
빛나는 나의 별
빛나는 나의 너

요리

어색함이란 그릇을 깨고 시작한 요리
안녕이란 말 한 스푼
취미 이야기 한 스푼
영화 이야기 반 스푼
음악 이야기 두 스푼

꽃밭 II

그대의 생각
그대의 마음이 자란 이 꽃밭
머무를 수 있게 해 줘요

봄이 말하더라

누군가는 나보다 더 일찍 성공하고
누군가는 나보다 더 많은 돈을 벌고
또 누군가는 나보다 더 행복한 삶을 산다

그런 누군가를 보며
자괴감을 느끼고
패배감을 느끼고
부러움을 느끼는 사람들에게 봄이 말하더라

피어난 꽃들도
아직 피지 못한 꽃들도
모두 예쁜 봄이다

그대는 조금 늦게 피어나는 꽃일 뿐
늦게 피어난다 해서 꽃이 아닐 리 없으며
늦게 피어난다 해서 봄이 아닐 리 없다

봄비

보슬보슬
봄비가 내린다
그리고는 속삭인다
꽃들에게 물을 주러 왔다고
그렇게 왔다가
새침하게 사라진다

행복

따스한 햇살 담은
꽃을 닮은
행복 한 송이
당신에게 선물합니다
누구보다 소중한 당신이기에

나비

꽃잎의 향기로움으로
봄바람의 따스함을 타고
당신을 내게로 이끕니다
그대로
그대로
그 길로 따라와 주오
나는 그대의 꽃
그대는 나의 나비가 되어 주오

봄이라 부르리

마주 잡은 손으로 전해지는
따뜻한 향기와
활짝 핀 꽃 같은 미소
난 그대를 봄이라 부르리

민들레

행복은 어디에서 오는가
길가에 피어난
작은 민들레를 보고
미소 짓는 마음으로부터 온다

꽃잎으로 물들 때

밤하늘이 빛나는 꽃잎으로 물들 때
나는 당신을 생각합니다
당신도 내가 생각나거든
저 밤하늘 꽃길을 따라
한 걸음
한 걸음
내게 오세요
나는 저 꽃을 따다
아름다운 다발을 준비해 놓겠습니다

달꽃

세상에 하나뿐인 저 달,
꽃 한 송이
어슴푸레한 저녁 마중 나와
오늘도 너의 길을 환히 비추길 바라본다

닿을 수 없는 너이기에
닿을 수 없는 꽃을 선물해 본다

닿을 수 없는 너이기에
닿을 수 없는 마음을 건네 본다

꽃은 아무 말하지 않는다

꽃은 아무 말하지 않는다
그저 가만히 있을 뿐이다

꽃은 아무 말하지 않는다
그렇다고 감정이 없는 것이 아니다

꽃은 아무 말하지 않는다
인내하고 있는 것이다

감정이 없어 보인다고 함부로 대하지 말라
아무 말하지 않는다고 무시하지 말라

인내하고 있을 뿐이다

노을

붉게 물든 저 노을을 보라
저 노을이 나의 살아 있음을 증명한다
오늘 하루는 저물어 가고
나의 눈빛은 우수에 찬다

붉게 물든 저 노을을 보라
저 노을이 그대의 살아 있음을 증명한다
오늘 하루는 저물어 가고
그대의 눈빛은 우수에 찬다

얼마나 고됐는가
우리의 하루가
붉게 타오르다 저무는 태양
저 노을과도 같지 않은가

먼지

아픔은 먼지가 되어 사라지고
슬픔은 연기가 되어 사라지고
그대의 마음엔 찬란한 빛들만이 가득하길
그대의 미래엔 아름다운 길들만 펼쳐지길

이유

이유는 묻지 마세요
나는 그냥 내 갈 길을 가렵니다

이유는 묻지 마세요
나는 그냥 내 할 일을 하렵니다

이유는 묻지 마세요
나는 그냥 나입니다

이유는 묻지 마세요
내 존재 자체가 이유입니다

홀씨

바람을 타고
내 어깨 위에 내려앉은 홀씨
나는 흙이 아닌데 어쩌나
말을 걸다 아차 싶었다

흙처럼 부드러운 사람이 되어야 하는데
흙처럼 단단한 사람이 되어야 하는데
나는 어떤 사람인가
되물었다

바람을 타고
더 멀리 날아가
다른 곳에 자리 잡아라
내 어깨 위는 아직 모자른 것 같다

꽃이었음을

말할 때마다
꽃잎이 한 잎 한 잎
날아와 내 가슴에 내려앉는
네가 무엇일까 고민하다
비로소 알게 되었다
꽃이었음을

민들레 II

큥큥 냄새를 맡는 듯
바닥에 딱 붙어 자라는 모양이
우리 강아지와 닮았다

고개를 든다
샛노란 꽃잎이 귀엽기까지 하다
어디서든 씩씩하게 자라는 민들레꽃
너의 그 용기와 대범함이 부럽다

홀씨가 되어 자유롭게 날아간다
어디까지 날아갈 테냐
너의 그 자유가 부럽다

보라색 꽃

보랏빛 멍든 맘에
피어난 꽃 한 송이
당신에게서 받은 상처를
꽃으로 피워 내 이렇게 아파합니다

파란 꽃

꽃다발에 섞여 있는 파란 꽃
내 마음과 닮았네요
촉촉한 꽃잎 끝자락이
눈물 맺힌 내 모습 같아요
향기는 비 오는 날 거리를 닮았군요
난 이 꽃을 마음에 담고 싶어요

수채화

완성된 그림을 보니
모두 번졌다
일부러 그랬다
붓에 물을 많이 적셔
먹먹하게 그렸다
내 마음처럼 울먹이듯 먹먹하게

점

미움이라는 감정
점 하나 옮겼더니
마음이 되더라

미움이라는 감정
마음을 언제든 되돌릴 수 있는 거더라

사람들은 몰라

사람들은 몰라
네가 얼마나 힘든지

사람들은 몰라
네가 얼마나 슬픈지

사람들은 몰라
네가 이 모든 걸 극복하고
보란 듯이 일어설지

이슬

풀잎에 맺힌 이슬
울지 말아요
세찬 바람이 힘들게 했나요
찬 새벽 공기가 힘들게 했나요
뚝
뚝
떨어트리고
묵묵히 자리를 지켜요

튤립

겨울부터 봄까지
네가 항상 가던 그 꽃밭에
색색의 튤립이 피어났다
아무것도 없는 흙바닥
왜 저리 냄새를 맡나 했더니
튤립이 피어날 자리였구나
튤립을 보니
마치 너의 정성이 한 줌 들어간 것처럼
애틋하다
꽃을 좋아하는 너이기에
더 그러하다

마음꽃

우리 각자 가지고 있는
마음꽃 한 송이
서로 주고 받아요
행복한 마음
슬픈 마음
그럭저럭 마음
주고 받아서 꽃밭을 만들어 봐요

수국

당신을 보고
첫눈에 반했어요
당신은 하늘에 펼쳐진 향수 같아요
그대의 향을 맡을 때면
나는 구름 위에 앉아
예쁜 칵테일을 마시는 기분이에요
당신의 아름다움을 사랑해요

텅 빈집

아무도 없는 텅 빈집
나홀로 외로이
그냥 그렇게 있다
집 안을 가득 채운
꽃들만이 나를 반겨 준다
그래 그런 거지
삶이란 외로워도
한 송이의 꽃쯤은
나를 반겨 주는 거지

작은 별

하늘 위에 떠 있는 작은 별
오늘 그대가 바란 간절한 소망이지요
물도 주고 달빛도 비춰 주어서
더 큰 별로 만들어 보아요

별

태양 빛에 가려 보이지 않는 너를
내 곁에 있다고 해야 하나
없다고 해야 하나

태양 빛에 숨어 보이지 않는 너를
나를 바라보고 있다고 해야 하나
없다고 해야 하나

밤이 되면 무수히 빛나는 보석들 속에
너도 있다고 믿어야 하나
없다고 해야 하나

나는 어찌 생각해야 하나

벚꽃

땅만 보고 걷는 내가
길 위에 수많은 벚꽃 잎이 떨어져 있어
고개를 들어 하늘을 바라봤더니
하늘에는 더 많은 벚꽃 잎이 떨어져 있더라

봄 거리

수줍은 꽃잎이 살랑
그대의 오른손에 내려앉았습니다
그대 주저 말고 꽃잎을 잡아 주어요
그 꽃잎을 손에 잡고
이 거리를 걷는다면
이 봄 더 바랄 것 없는
향기로운 봄 거리가 될 테니

백철쭉

아파트 단지에
제일 늦게 피는 꽃이 있어
그 꽃봉오리에 눈이 갔다
어느 날 그 끝에서
하얀 꽃잎이 피어나더니
수많은 꽃봉오리들이 하얗게 물들었더라
그 꽃의 이름은 백철쭉
꽃말은 사랑의 즐거움이라 하더라
어쩜 꽃말마저 하얗고 순수할까

위로

아픈 마음 위로
힘든 마음 위로
꽃이 피어났다
어째서 썩은 꽃이 아닌가
그것은 당신의 마음이
아직 힘을 낼 용기가 남아 있기 때문이다
향기롭게 일어나 보자

혼자 두지 말아요

나는 외로운 꽃
나를 혼자 두지 말아요
바람이 불면
이리 휘청 저리 휘청
내 마음은 중심을 못 잡아요

나는 외로운 꽃
나를 혼자 두지 말아요
꽃밭에 있을 때
더 환하게 웃는 나를
외면하지 말아요

꽃으로 배운다

겨울에 잠든 꽃은
봄이 되어 만개한다

깊은 밤에 잠든 너는
아침이 되어 만개한다

누구에게나 때가 있음을
꽃으로 생각하고
꽃으로 배운다

화분

아름다운 꽃이었다
찬란한 꽃이었다
내가 담기에 버거운 꽃이었다
그래서 더 큰 화분으로 보내 주었다
시원섭섭했다
다음 꽃을 기다리며 나는
흙들과 남겨진 꽃잎을 이야기하며
하루를 보내 준다

비 오는 날 꽃처럼

많이도 내린다
주륵주륵
내리는 빗속에
묵묵히 견디고 있는 꽃처럼
견디자
견뎌 보자
그러다 힘들면
꽃잎 하나쯤
내어 줄 수도 있으니

자유

선선한 바람이 부니
한결 자유로운 기분이 든다
바람에 몸을 맡겨
어디로 갈까
자유로운 기분에
나의 마음 속 바다에도
파도가 일렁인다

아이

씨앗은 자라서 꽃이 되고
아이는 자라서 어른이 된다
어른은 성장해서 무엇이 될까

그 무엇이든 될 수 있다
내면의 잠재력을 믿고
끊임없이 시작하자

그 무엇이든 할 수 있다

탓

당신 탓이 아니에요

자책하지 말아요

봄은 너로부터

꽁꽁 모든 걸 얼려 버리는 추위가 지나고
조금씩 조금씩 따스한 햇살과 함께 봄이 움튼다
작은 새싹에 물을 주는 너의 그 마음
봄의 따스함이 새싹을 틔우는 햇살로부터 오듯
따뜻한 세상은 너로부터 오는구나

새싹은 자라 꽃을 피워 내고
꽃잎은 봄바람에 살랑이며 땅에 내려앉는다
떨어진 꽃잎을 소중히 주워 담는 너를 다시 만나며
너도나도 나선 꽃구경에 한창 취한 그때 깨달았다
봄의 향기가 저 꽃들로부터 오듯
아름다운 세상은 너로부터 오는구나

힘내

힘을 낼 수 없어요
괜찮아요
당신의 마음 속엔
작은 꽃 한 송이가 있어요
그 꽃이 당신 대신
힘을 내 줄 거예요
걱정 말아요

봄바람

꽃잎을 스친 바람인가
나비를 이끈 바람인가
향기로운 바람이
나에게 번지면
나의 마음엔
서서히 꽃이 피어난다
봄이 오면
나의 마음도
계절과 다름없다

이해

오늘도 난 너를 위해
이해란 꽃을 피운다

연필

사각사각
네 이름을 쓰는 소리

사각사각
그 옆에 내 이름을 쓰는 소리

사각사각
우리의 사랑을 쓰는 소리

등산가

가파른 언덕길
고비가 온다
땀인 듯 눈물인 듯
뚝 흘리고 나서
언덕을 넘으면

더 가파른 언덕길
고비가 온다

우리는 인생 등산가
수없는 언덕을 넘어
수없는 정상을 넘어
여정을 떠나고 있다

고비가 온다
알고 있다
물에 몸을 맡기듯
유연하게 넘기자

회색빛 구름

집으로 돌아가는 발걸음이 무겁다
오늘 하루가 무겁다
둥둥
밤하늘에 떠 있는
회색빛 구름처럼
가벼운 마음으로
훠이
날아가고 싶다

포기

그대, 포기하지 않았기에
여기까지 오지 않았는가

끝자락

스물아홉의 끝자락
나의 이십 대는 어땠는가
실컷 놀기도 했고
마음껏 우울하기도 했고
누구보다 열심히
누구보다 게으르게 살았다
후회는 없다
청춘은 언제나이기에

동그란 마음

동그란 마음에
구멍이 뻥
그 사이로
바람이 새어 나가고
추억이 새어 나가고
꽃잎이 흩날린다

아물 때 다시 피어나길

낙엽

낙엽을 바스락바스락
밟고 다니는 네가 소중하다

바스락 소리가 나는 게 재미있는지
자꾸만 낙엽을 밟는 네가 소중하다

그러다 낙엽이 툭
얼굴 위로 떨어질 때면
깜짝 놀라 뒷걸음질 치는 네가 소중하다

작은 행동 하나하나까지도
온 마음을 다해 집중하게 만드는
네가 소중하다

우주

내 머릿속은 광활한 우주
네 생각들이 내 머릿속에 점을 찍었다
네 생각을 할 때마다
그것들은 반짝였다

나는 잠을 잘 수 없었다

노래

혼자 외로워서
노래를 불러 보았다
고요한 방 안
나의 노랫소리가 울려 퍼진다
내가 좋아하는 노래
그것이 있는데
외로울 게 뭐 있나

머무른 자리

네가 머무른 자리
애석한 그리움의 향이 맴돈다

네가 머무른 자리
광활한 공허함의 아픔이 느껴진다

네가 머무른 자리
함께할 수 없다는 사실
나는 아무것도 할 수 없었다

집

돌아가야 할 곳
있어야 할 곳
언제나 그리운 곳

놓아주기

모두가 상처 하나 두 개쯤은 갖고 살잖아요
끌어안고 평생 살지 말고
하나둘 천천히 놓아주기로 해요, 우리

수납장

마음에도 수납장이 필요하다
여기저기 넣어 둘 수납장
필요할 때마다 꺼내어 볼 수 있으면
얼마나 좋을까

가을이구나

가슴에 바람이 새어 나가는 계절
낙엽이 손끝에 살짝 닿는 계절
단풍이 알록달록 물들어 가는 계절
가을이구나

데리러 갈게

자꾸만 나를 따라오는 빛
어디까지 따라오려나
내 집 앞까지 따라왔네
덕분에 어두운 밤길
환하게 왔다
내일도 데리러 갈게

파도처럼

언젠간 우리
언젠간 너는
파도처럼 못된 사랑을
다 이해하는 날이 오겠지

언젠간 우리
언젠간 너는
이 파도처럼 아픈 사랑을
다 안아 주는 날이 오겠지

공사 중

뚝딱뚝딱
무너졌던 내 마음의 집이
다시 세워지는 소리
재료는 응원의 한마디
따뜻한 포옹
좋은 시 한 구절

사랑이 전부였던 나에게

사랑이 전부였던 나에게
이별을 주는 너는
사랑하는 패배자

사랑 없이

사랑 없이 살 수가 있나
사랑 없이 살 수 있어도
너 없인 못 살겠다

별자리

하늘에 누워
별자리를 바라본다
내 옆에 강한 민트 향은
북극성의 향기
그 옆의 향기는 북두칠성
저 밑 슬퍼 보이는 향은
오리온자리
눈을 감고 별 하나 하나에
빠져들어 본다

세상

참 넓다 세상이
나는 무얼 하고 있고
나는 무얼 할 수 있나
때로는 세상이 이끄는 대로
때로는 내가 세상을 이끄는 건 어떨까

준비 완료

나는 아직 준비가 안 되었는데
어른이 돼라 해서 어른이 됐고
나는 아직 준비가 안 되었는데
어느새 일을 하고 있네
나는 아직 내가 하고 싶은 일에
준비가 안 되었는데
내가 나아갈 세상은 준비가 되었나?

시들겠지

시들겠지
언젠가는 우리 모두
시들겠지

어떻게 작게 싹텄나
어떻게 활짝 피었나
되돌아보며 시들겠지

슬프냐 묻거든
아름다웠다 답해라
후회되냐 묻거든
향기로웠다 답해라
그 어느 날 멋지게 시들었다 우리는